Tarot, Arte e Magia

Prof. Namur Gopalla

(org.) Lara Kouzmin-Korovaeff

Divino de São Lourenço/ES, outono de 2017

© 2017 Tarot, Arte e Magia
by Namur Gopalla

1ª edição março 2017
Direitos desta edição reservados à
Semente Editorial Ltda.

Av. José Maria Gonçalves, 38 – Patrimônio da Penha
Divino de São Lourenço/ES 29.590-000

Rua Araxá, 655/202 – Grajaú,
Rio de Janeiro/RJ 20.561-114
(21) 98207.8535

contato@sementeeditorial.com.br
www.sementeeditorial.com.br

Produção editorial: Estúdio Tangerina
Revisão: Mirian Cavalcanti e Constantino Kouzmin-Korovaeff
Projeto gráfico, capa e direção de arte: Lara Kouzmin-Korovaeff
Edição e organização: Lara Kouzmin-Korovaeff
Ilustrações: As imagens utilizadas para representar os arcanos maiores do Tarot são originárias do TaroT Namur.

G211t
Gopalla, Namur, 1957-2019.
   Tarot, arte e magia / Prof. Namur Gopalla ; Org. Lara Kouzmin-Korovaeff. 1. ed. - Divino de São Lourenço, ES : Semente Editorial, 2017.

136pp. : il. ; 16 cm

   ISBN 978-85-63546-45-6

   1. Tarot. 2. Ciências ocultas. I. Kouzmin-Korovaeff, Lara, 1969. II. Título.

CDD: 028.5

Dedico esta obra,

a todos os mestres e sábios

que deram suas vidas pela liberdade

e evolução humana.

Tarot, Arte e Magia

SUMÁRIO

TaroT Namur, 7
O TaroT e sua Lenda, 9
Pensamento Cartesiano x Pensamento Mágico, 11
A Magia das Cores, 15

    O Louco, 18
    O Mago, 22
    A Sacerdotisa, 26
    A Imperatriz, 30
    O Imperador, 34
    O Papa, 38
    Os Enamorados, 42
    O Carro, 46
    A Justiça, 50
    O Ermitão, 54
    A Roda da Fortuna, 58
    A Força, 62
    O Enforcado, 66
    A Morte, 70
    A Temperança, 74
    O Diabo, 78
    A Torre, 82
    A Estrela, 86
    A Lua, 90
    O Sol, 94
    O Julgamento, 98
    O Mundo, 102

O Segredo das Cartas, 106
Métodos de Consulta, 110
Meditação Profunda – trabalhando com os arcanos, 117
A Kaballah, Tabela Medieval de Bongo, 121
Sobre o TaroT, 123
Palavras do Autor, 127

TAROT NAMUR

Martha Leyrós e Namur Gopalla

É o primeiro baralho de Tarot criado e produzido no Brasil, resultado de um trabalho conjunto do professor Namur e da artista plástica argentina, Martha Leyrós.

Martha Leyrós: a aluna que o pintou

Martha Leyrós foi uma artista plástica consagrada; sua obra pode ser apreciada em diversas exposições ao redor do mundo. Atraída pela linguagem mágica e arcana, aprofundou-se em tarologia, estudando com o professor Namur por oito anos.

Motivada pelo desafio de reunir essas duas artes, após cinco anos de trabalho sob a orientação do mestre Namur Gopalla, concluiu essas vinte e duas lâminas do Tarot. Para esse trabalho utilizou bico-de-pena, lápis-de-cor e canetas hidrográficas, acrescentando uma sensibilidade "tropical" aos traços e matizes tradicionais.

O professor Namur Gopalla

Livre-pensador, filósofo, ocultista clínico, que lança mão de várias ciências para identificar e intervir nos desafios pessoais, espirituais e materiais dos consulentes, agindo de forma assertiva e propiciando a cada um a capacidade de superar seus problemas.

Mestre Namur é decano em Tarot e presidente da Academia de Cultura *Arcanum*. É autor do primeiro baralho de Tarot brasileiro. Sendo também astrólogo e numerólogo, Mestre Namur vem aplicando as mais variadas técnicas de *coaching*, hipnose e PNL (Programação Neurolinguística) através de consultas, cursos, conferências em faculdades e em vários centros de psicologia, psicanálise e parapsicologia.

Como Mestre Arcano, Namur Gopalla realizou quase uma centena de eventos místicos, culturais e esotéricos, tais como as feiras esotéricas no Rio-Centro, Feira Mística no Plaza Shopping, Feira Naturalista no *Shopping* Rio Sul, Primeiro Encontro dos Magos no Planetário da Gávea, entre outros. Realizou milhares de atendimentos em diferentes partes do mundo.

www.tarotnamur.com.br

O TAROT E SUA LENDA

Segundo a Tradição, os Sacerdotes Egípcios de Memphis, Herdeiros da Sabedoria Atlântica e Guardiões dos Mistérios, previram uma época de decadência espiritual da humanidade e, com isso, a perseguição à sua cultura e aos seus ensinamentos sagrados.

O Grande Hierofante, o Mestre Arcano, convocou uma reunião secreta no interior do Templo da Grande Pirâmide, ocasião em que os sábios presentes concluíram que, durante o declínio moral da humanidade, o vício iria prevalecer à virtude. Assim, transformaram o saber mágico dos Arcanos em jogos e entretenimentos diversos, criando hábitos que deram início a vários jogos e às cartas.

Ensinaram nômades, beduínos e ciganos a jogar. E, graças ao fascínio pelo jogo, sem que os envolvidos percebessem, foram preservados os mistérios das tradições sagradas nos símbolos, ritos, ideogramas, lendas e mitos, mantendo então, vivos, os Ensinamentos Iniciáticos da Cultura Arcana e Mágica do Tarot.

Assim perpetuadas, as Verdades Alquímicas das Ciências Mágicas dos Atlantes e seus dogmas, simbolismos e arcanos aguardariam a época em que a humanidade superasse a obsessão materialista e passasse a valorizar mais a alma e a transcendência – quando, então, tais mistérios, simbolismos, dogmas, verdades e arcanos, já pudessem começar a ser transmitidos e vivenciados novamente.

PENSAMENTO MÁGICO
X
PENSAMENTO CARTESIANO

Estamos acostumados e fomos educados para pensar idealizando um mundo perfeito, onde existem o Bem e o Mal claramente definidos, de modo a que possamos nos sentir seguros, sabendo distinguir o certo do errado.

O modelo padrão do nosso pensamento e da nossa linguagem, foi desenvolvido e organizado por Sócrates, Platão e Aristóteles. Sujeito, verbo, predicado. Há sempre um sujeito que causa o BEM... e o MAL. Como se existissem o bem e o mal! Essas duas forças coexistem sempre! Nossa mente pensa por comparação, separando o Bem do Mal, devido a esta herança educacional filosófica, que influencia, até hoje, todo o nosso pensamento, buscando um mundo idealizado e perfeito. Com esse modelo filosófico, a verdade é única, há uma idealização e uma busca pela razão. Um paradigma de sermos o bem, termos a verdade e seguirmos o certo.

E, assim, criamos e ignoramos um mundo de sombras e preconceitos inconscientes.

No universo das sombras do ocultismo, antes de Sócrates, os mitos, símbolos, ritos, o universo mágico com seus mistérios e seus arcanos eram, todos, estudados e mantidos pela arte, pela música, pelos mitos, pelos contos e pelas lendas. O Universo não se dividia entre o Bem e o Mal. Os deuses eram bons e maus – ao mesmo tempo.

Assim, cada imagem do mundo mágico do Tarot, cada arcano, pode ser bom e ruim ao mesmo tempo, pois como força arquetípica modelante, contém em sua totalidade aspectos que podem ser percebidos como "bem" ou "mal", a depender da perspectiva. Esta é a razão pela qual não se deve decorar os significados dos arcanos, já que tal significado é relativo à interpretação, ao sentimento, à emoção, à intuição, que acontecem em cada análise e a cada momento, durante as consultas de Tarot.

Assim sendo, não existe um padrão de Bem e Mal. A carta da Morte (Arcano XIII), por exemplo, pode ser interpretada como morte, o "não", o "fim"; mas, também, o replantar, a fé em recomeçar. Então, como saber qual o significado certo? TODOS estão certos, tudo depende de como o consulente vive tal mistério naquele momento! Para ser assertivo, o tarólogo precisa ser guiado pela intuição, sentido capaz de perceber coisas que estão fora do domínio da razão.

Conta-se, na história do filósofo Heráclito de Éfeso (535 a.C. – 475 a.C.), que, certa vez, ele foi tomar banho no rio com alguns amigos. Ao chegar, começou a tirar a roupa e comentou: "Vamos tomar banho em outro rio." Seus amigos logo argumentaram que o outro rio ficava a horas dali, chegariam muito tarde. Heráclito de Éfeso então respondeu que, até que tirassem toda a roupa, muita água já teria passado, e a margem já não seria a mesma. "Ninguém se banha no mesmo rio duas vezes!" E que tomariam, sim, banho em um outro rio, aquele que iria surgir ali mesmo.

De fato, há lógica nessa ideia, pois o rio é algo que está em fluxo, está sempre em movimento. Assim como as mudanças que ocorrem a todo instante em nossas vidas.

O conhecimento de cada carta de Tarot nunca é o que você já sabe. Cada lâmina precisa, sempre, ser percebida e sentida, ser redescoberta. Por essa razão chama-se *Arcanum*, que se traduz por Mistério. Nossa vida é representada por mistérios que precisam de interpretação, de meditação, para que sejam bem compreendidos. Paracelsus, o médico alquimista da Idade Média, dizia que a palavra *Arcanum* significa "algo a que não tem acesso a mente humana, algo a que precisamos contemplar".

Este livro propõe que sua iniciação aos mistérios e símbolos do Tarot seja permeada pela vivência da arte de colorir os arcanos maiores do TaroT Namur, pois, assim, na contemplação dos arquétipos do inconsciente coletivo, sua intuição será aguçada, alcançando intimamente seus significados e significantes.

VOCÊ SABE. É SÓ RECORDAR!

Há coisas que você não sabe que sabe, outras que você sequer sabe que não sabe. Mas, depois desta vivência mágica de colorir os arcanos do Tarot, nada, nada será como antes!

A MAGIA DAS CORES

Esta edição do *TaroT, Arte e Magia* oferece a você a oportunidade mágica de pintar, colorir, dar vida, emoção e sentimento aos grandes Arcanos (Mistérios) do Universo estampados em cada uma das 22 cartas do TaroT Namur.

Ao colorir tais arcanos, temos a oportunidade de vivenciar o mundo mágico do inconsciente através das formas e das cores, pois elas evocam emoções e facilitam os afetos.

Dessa forma você vai estudar o Tarot trabalhando os seus dois hemisférios cerebrais: pelo lado da razão, que é o conhecimento em si (o conhecimento tangível), e pelo lado da emoção, através da vivência e da percepção mágica intuitiva desenvolvida pelo estudo dos arquétipos e pela arte de colorir. Ao sair da esfera intelectual para a esfera material, as formas surgidas, sentidas, e percebidas, revelam realidades subjetivas não conscientizadas, facilitando assim, a percepção de si dentro do agir criativo.

Bote cor e emoção em cada detalhe dos símbolos
das cartas do seu TaroT Namur.

Vermelho

A cor vermelha significa paixão, energia e excitação. É uma cor quente. Está associada ao poder, a vontade, à guerra, ao perigo e à violência. O vermelho é a cor do elemento fogo, do sangue e do coração humano. Simboliza a chama que mantém vivo o desejo, a excitação sexual, e representa os sentimentos de amor e paixão.

Laranja

Representa a comunicação, a cordialidade e a prosperidade. A cor laranja significa alegria, vitalidade, prosperidade e sucesso. É uma cor quente, resultante da mistura das cores primárias vermelho e amarelo. Está associada à criatividade, pois o seu uso desperta a mente e auxilia no processo de assimilação de novas ideias.

Amarelo

A cor amarela significa luz, calor, descontração, otimismo e alegria. O amarelo simboliza o sol, o verão, a prosperidade e a felicidade. É uma cor inspiradora e que desperta a criatividade. Estimula as atividades mentais e o raciocínio.

Verde

A cor verde significa esperança, liberdade, saúde e vitalidade. O verde simboliza a natureza, o dinheiro e a juventude. O verde acalma e traz equilíbrio ao corpo e ao espírito. O seu uso em momentos de depressão e tristeza pode ser reconfortante e estimulante.

Azul

A cor azul significa tranquilidade, serenidade e harmonia, mas também está associada a frieza, monotonia e depressão. Simboliza a água, o céu e o infinito. O azul índigo é uma cor metafísica, significando espiritualidade e intuição. Representa o Mistério.

Branco

O branco transmite paz, pureza, sinceridade, verdade, inocência, calma. Também é associado ao frio e à limpeza. O branco, soma de todas as cores, ilumina e transforma.

Preto

Favorece a autoanálise, transmite introspecção, elimina a discórdia. Simboliza o misticismo e todos os segredos desconhecidos. Preto é a cor do poder.

Lembra-te, filho da Terra:

"Somente um louco joga-se num abismo para conhecer sua profundidade."

ARCANO 0 OU XXII

O LOUCO, O BUFÃO

Este Arcano, sem número, que tanto pode ser o (0) zero, como o (22) vinte e dois do Tarot, é representado por um homem com trajes espalhafatosos, que caminha sem direção definida.

Sua perna esquerda é mordida por um animal que, de certa forma, o freia. Carrega ao ombro uma sacola que contém material desconhecido. O Louco, no Tarot, simboliza o ser humano que não sabe de onde vem, por que veio ou para onde vai.

Sente apenas o misterioso impulso que o impele a se atirar na vida, vencer a qualquer preço, aventurar-se, mesmo sem razões ou porquês. Irracional em si, é impulsivo, irreverente e imaturo.

Representa a ansiedade do homem em ir além de si mesmo, de se superar, de alcançar o que lhe escapa à lógica, de pagar para ver os resultados de seus atos impensados. Sem apego e sem raízes, ele parte em busca do que o fascina no momento, mesmo que lhe custe o abandono dos seus afetos.

Caminhar sem saber para aonde vai não chega a ser um problema, pois não mede esforços para chegar onde seu espírito chama. Ele incomoda a sociedade por não respeitar os convencionalistas ou a moral estabelecida. Com sua imagem descomprometida, tenta sempre chocar os valores burgueses.

Dotado de ironia inteligente, ele penetra facilmente em todos os segmentos sociais, tirando partido deles, criticando-os, ridicularizando-os e expondo o lado obscuro e comprometedor de cada um deles. Costuma sair ileso das situações, por estar respaldado pela imagem displicente, descuidada e inconsequente da insanidade.

Irreverente e inconsequente, representa também a impulsividade. Pode criar e adotar projetos audaciosos, movido por desejos e paixões. Gosta de ser o centro das atenções.

O Louco, entretanto, carrega em si tanto a sabedoria quanto a ignorância. Ele é rei e mendigo, anda por toda a parte e nada o retém. Conhece de tudo um pouco e não personifica nada. Com isso, detém todas as possibilidades. Pode representar leveza, descontração, inícios, jornadas, coisas novas e inesperadas que se anunciam. Ou aquela vontade louca de jogar tudo para o alto e sair dançando por aí sem lenço e sem documento. É, também, desorientação, entusiasmo, euforia, frivolidade, gosto por viagens e aventuras. Prefere uma gargalhada a um sorriso. É alegre, descontraído, carismático, e pode parecer infantil.

Lembra-te, filho da Terra:

"Sou muito maior
do que qualquer imagem
que até hoje consegui fazer
de mim mesmo."

ARCANO I

O MAGO, O MASCULINO, O PROTAGONISTA

O Arcano I é o Mágico do Tarot. Representado por um jovem homem em pé, diante de sua mesa de trabalho. Nela, estão quatro objetos que simbolizam os elementos alquímicos, os quatro níveis da consciência: a consciência do corpo físico (Terra) é representada pela moeda, a consciência do emocional (Água) é representada pela taça, a consciência do pensamento (Ar) é representada pela espada, e a consciência da vontade e do desejo (Fogo) é representada pelo bastão.

A mão estendida para cima significa poder e vontade. A mão que está voltada para baixo, realização e controle material.

Acima de sua cabeça, encontra-se o símbolo do infinito (Lemniscata), representando seus poderes ilimitados.

O Mago simboliza a habilidade do homem em manipular a natureza, analisando suas energias e direcionando-as com criatividade. Ele é a busca do poder, o incessante fluxo da criação e a capacidade de revelar a realidade fundamental onde tudo se estrutura.

Tem muita alegria de viver, é astuto, inteligente e muito determinado para conseguir seus objetivos. O importante para o Mago é aparecer, ser visto, notado e marcar com sua presença. Seu caráter é um labirinto de contradições. Exerce as funções mais variadas, em proporções inacreditáveis.

Esse arcano aponta o potencial criativo ainda não manifesto em nós e indica momentos de clareza e identificação das possibilidades não exploradas. No jogo de Tarot, ele pode indicar o início de uma fase importante no mundo dos negócios.

O Mago pode ser vendedor, comerciante, especulador, atravessador, mascate, relações públicas, camelô, dançarino e todas as profissões que exijam jogo de cintura, habilidade e talento. Tem temperamento brincalhão, mas é, também, mentiroso, trapaceiro e, sempre que pode, tenta induzir o outro a fazer aquilo que ele deseja, sem que isso seja percebido.

Representa o momento criativo do aqui e agora, além da capacidade de acelerar processos naturais em aparente desafio às leis da natureza. Uma pessoa assim pode ser boa ou má, o importante é sabermos que o Mago tem poder, inteligência e habilidade. Seu maior desafio é a vaidade.

Lembra-te, filho da Terra:

*"Há duas verdades:
uma encoberta pela luz
e outra pela escuridão."*

ARCANO II

A SACERDOTISA, A MÃE, O FEMININO

O Arcano II é simbolizado por uma mulher madura, a Grande Mãe, o poder plasmador.

Entre as colunas e os véus, ela ampara um livro sagrado com uma das mãos, expondo parte dele (o exotérico, aquilo que pode ser ensinado, revelado) e encobrindo outra (o esotérico, destinado somente aos iniciados).

Ela está totalmente vestida e tem um ar contemplativo. Ao fundo, as colunas do Bem e do Mal, encobertas por véus.

Esta lâmina é relacionada aos mistérios, segredos, tradições e à intuição. Sua personalidade é misteriosa, tímida, recatada, reservada. A Sacerdotisa busca a perfeição no silêncio reflexivo de suas emoções. Serviçal ao extremo, ela se vê na missão de servir aos outros, ajudar, proteger e educar. Ama a religião e despreza a ciência.

Em sua intimidade, ela conhece o potencial a ser desenvolvido e as nuances mais sombrias e primitivas da personalidade de cada um. Possui mediunidade onírica (revelada através dos sonhos), prevê acontecimentos e capta a energia das pessoas e do meio ambiente em que se encontra.

É a Grande Mãe que acoberta os filhos e mantém a casa em perfeito estado. Dada a relacionamentos platônicos, tem dificuldade em se envolver emocionalmente com as coisas e externar seus sentimentos.

É reservada, fria, distante, observadora, pouco intelectual, fascinante, sedutora e enigmática.

Não se deixa conhecer e nem permite que entrem em sua intimidade. Seu amor e seus conhecimentos são dados a poucos por ela escolhidos.

Simboliza o útero silencioso que acolhe os frutos da vida, fecundados na escuridão. É melancólica, discreta, elegante e sabe de si. Seu domínio é exercido sutilmente, sem que ninguém o perceba. Mansa, sonhadora, tem olhar dócil e retidão de caráter. É a profunda serenidade que nossa alma precisa para encontrar seus maravilhosos poderes.

Representa a meditação e a intuição, o mistério e o segredo. Revela uma personalidade que guarda muito bem seus mistérios.

Em sentido negativo, pode significar intolerância.

Lembra-te, filho da Terra:

"A excelência não é dada a todos, somente a quem conseguir agregar riqueza espiritual à material."

ARCANO III

A IMPERATRIZ, A MULHER FÁLICA

O Arcano III é representado por uma mulher bem vestida, coroada, e com um bastão na mão, o que significa domínio das emoções. A seus pés, uma lua simboliza sua criatividade, razão pela qual chegou ao topo. O escudo na sua mão direita é o conhecimento e habilidade de quem sabe se defender.

Ela é a fêmea, a consciência de sermos parte da natureza e de suas transformações. É o contato com o corpo como fonte de prazer, alegria e apreciação de suas formas. É, também, charme, beleza, sedução, liberdade sexual e interesse pelos detalhes do dia a dia.

Representa o lado feminino em seu auge, sem o qual não podemos gerar, dar frutos e ter paciência para esperar com tranquilidade o momento certo de agir.

A Imperatriz protege, dá segurança, é sábia, racional, inteligente, dedicada, dominadora, podendo até ser egoísta. Também é seletiva, intelectual, autêntica e crítica. Gosta de luxo, conforto, mordomias e riqueza. Corre o risco de ser fútil e tem mania de perfeição.

Incorpora bem a mulher de negócios, a esposa dominadora ou ainda a atriz, líder comunitária, dançarina, poetisa. A chave do seu poder é o estado de constante inspiração e amor. Quando ama, é sufocante e possessiva. Quer ser sempre o centro das atenções e tenta sugar do sexo oposto tudo que puder.

Ela é a compreensão dos nossos potenciais e a energia transformadora que concretiza as infinitas oportunidades da vida. Indica facilidade de expressão, amor pela verdade e pela justiça.

Em sentido positivo, controla os problemas do dia a dia com sabedoria e perspicácia. No sentido negativo, vaidade e sedução em excesso.

Lembra-te, filho da Terra:

*"Posicione seus pés no lugar certo!
Depois, aguente firme."*

ARCANO IV

O IMPERADOR, O GOVERNANTE, O CHEFE

O Arcano IV é representado por um homem forte e imponente. Sua mão direita segura um cetro com o globo do mundo e uma flor-de-lis na extremidade. Está meio sentado e meio de pé, com a perna cruzada formando o número 4. Seu assento é uma pedra cúbica ou um trono, que simboliza o poder sobre as coisas concretas e objetivas.

Esta lâmina simboliza poder, energia, autoridade e convicção. O Chefe é fiel ao que sente e prático nos seus objetivos. Tem a habilidade de concretizar suas vontades e enfrentar a vida com seus próprios recursos. É a imagem do pai protetor, provedor e dominador.

A palavra Imperador remete a um guerreiro que se impôs pela batalha, diferente do Rei que possui um cargo hereditário. Dessa forma, esta carta simboliza as nossas atitudes de brigar, de conquistar, de manter e de expandir nosso território.

Trabalha muito, é machista, tenso e moralista (mas só com os outros). Sente-se disposto a aceitar conselhos mas, no final, vai seguir suas próprias ideias e opiniões.

É líder, corajoso, estável e produtivo, sendo capaz de realizar várias funções ao mesmo tempo. Tem estabilidade, solidez, harmonia e uniformidade. É protetor, ativo e transformador, significando a união entre o vigor e o equilíbrio.

Simboliza a totalidade e o desejo do homem em ultrapassar sua condição de ser humano, tentando exibir-se como um semideus. O desejo de ser perfeito para sentir-se seguro. Sua insegurança camufla-se atrás de atitudes e comandos agressivos.

Está sempre de prontidão e não relaxa nunca, pois, se o fizer, poderá perder o controle do reino. Gosta de riqueza, é vaidoso e prepotente. Só acredita em si, e concede aos outros o prazer da sua presença.

O Imperador só age quando tem a certeza de que tudo sairá bem. Acredita que tem algo muito maior, que nasce e emana de sua totalidade. Ele se vê como "o predestinado".

Ele é o engenheiro, o militar, adora exercer profissões em que pode gerenciar ou dar ordens. Tem tendência a dominar o mundo, decorrente de sua vontade de expansão. Símbolo do poder, energia, direito e rigor.

Representa proteção, estabilidade, método e organização. Além de uma grande vontade de realizar coisas em vários campos.

Em sentido negativo, domínio ditatorial.

Lembra-te, filho da Terra:

"Não se deixe levar por realidades
e conceitos preestabelecidos,
que apenas dificultam
a ideia de um novo paradigma."

ARCANO V

O PAPA, O MESTRE DOS ARCANOS, O SUPOSTO SABER

O Arcano V é representado por um homem idoso, sentado em um trono entre duas colunas, que simbolizam a intuição e a razão. Na imagem aparecem ainda dois fiéis que o escutam atentamente, sem questioná-lo.

Esta lâmina representa consciência moral, ética, bons costumes, senso de dever, fé, questões relativas ao espírito e conhecimento de causa no que diz respeito aos próprios atos.

Servindo-se dos dogmas da tradição, o Papa dita regras, gosta de tudo muito bem explicado e busca entender o porquê de todas as transformações internas. Acha que é o dono da verdade e acaba impondo aos outros suas ideias. Intelectual, sabe verbalizar seus pensamentos.

É ótimo orador, suas conversas tornam-se aulas para quem as ouve. Adora dar bons conselhos e tem dificuldade em ouvir o que os outros têm a dizer.

É amável, polido, inteligente, conservador, preconceituoso, muito apegado ao passado e às tradições. Tem dificuldade em se adaptar às novas situações, pois os princípios e valores, para ele, são imutáveis.

Possui dons literários, inspiração, clemência e vocação religiosa.

Ele é o guia interno que estabelece a ponte entre Deus e o homem. É o mestre espiritual existente em cada um de nós, o conhecedor intuitivo das leis divinas.

As questões filosóficas e espirituais estão ligadas a este Arcano, que incorpora bem a figura do analista, médico, professor, padre ou mentor espiritual.

Encontrar respostas para as questões da vida é seu dom natural, pois ele só irá se comprometer com a existência se entender o sentido de sua condição humana. É a quinta-essência, a vida manifesta no corpo.

Significa alegria, integridade, vontade de viver. Indica enorme capacidade criativa, atividade, energia e astúcia. Simboliza o domínio sobre a situação. O Papa é aquele que, no nosso imaginário, ocupa o lugar do Suposto Saber.

Lembra-te, filho da Terra:

"*Tudo o que seduz pode ser um caminho.
O fundamental é consultar o coração.*"

ARCANO VI

O ENAMORADO, O AMANTE, A INDECISÃO

O Arcano VI representa a imagem de um homem jovem tendo que escolher, entre duas mulheres que personificam a virtude e o vício, o caminho ideal para seguir. A virtude está representada pela mulher sobriamente vestida, e o vício representado pela mulher sensualmente vestida.

Esta lâmina corresponde ao momento de conflito entre os opostos, os desafios, que muitas vezes não estamos preparados para enfrentar. A necessidade de impedir que os impulsos nos conduzam, e de tomarmos a decisão acertada.

Pode ser o "deixar o certo pelo duvidoso", idealismo, amor, necessidade de se submeter às provas e tentações, atração física e psicológica, falta de reflexão e dúvidas. Pode representar os dilemas que enfrentamos diariamente e a necessidade de assumirmos, sozinhos, a responsabilidade por quaisquer ações que venhamos a praticar.

Confusão de ideias, vontade de agir, várias visões de um mesmo tema e também fascinação. É o passado, as tradições, os bons costumes de um lado, e, de outro, o novo e o desconhecido. Mas, também, a oportunidade e a capacidade de unir os opostos.

Simboliza o belo, a virtude, o pecado e o triângulo amoroso que ignora os códigos éticos.

Essa lâmina consiste no desafio de ligar os planos espiritual e emocional através de um apaixonado envolvimento pela vida, conseguindo um novo relacionamento com o próximo e harmonia consigo mesmo. É o conflito interno que torna a vida mais rica e criativa, onde todo o nosso ser se movimenta para chegar a um EU mais profundo e individual.

Seu maior propósito é o de se desvencilhar da fascinação mortal, libertar a alma e ser senhor de si mesmo.

Esta imagem representa a busca da harmonia, beleza e idealismo. Em sentido positivo, o Arcano pressupõe a escolha acertada e equivalente à beleza moral e à integridade. Às vezes, simboliza a tentação.

Lembra-te, filho da Terra:

"No exercício da busca da nossa lenda pessoal, encontramos o grande caminho."

ARCANO VII

O CARRO, O GESTOR, A VITÓRIA

O Arcano VII é representado pela figura de um jovem conduzindo um carro. Vestindo uma couraça e levando seu cetro, ele encarna os princípios superiores da personalidade humana. A couraça representa sua defesa contra as forças interiores. Sobre seus ombros, veem-se dois crescentes lunares, que significam o mundo das formas. Duas esfinges encontram-se atreladas ao carro. A clara: o Bem conquistado. A escura: o Mal vencido.

Esta lâmina está associada à ideia de autodomínio, vitória e coragem na busca dos objetivos.

São os instintos guiados pela vontade do consciente. É a jornada interior do autodescobrimento, quando se dá o crescimento e fortalecimento da personalidade. É a proposta de ação pessoal que oferece inúmeras oportunidades e percepção para descobrir o que realmente se é.

O Carro pode ser o início de um novo ciclo de desenvolvimento e a experiência necessária para caminhar na vida em terra firme, quando nos sentimos acima da nossa natureza animal e nos capacitamos a tomar rumo, estabelecer metas e realizar desafios.

Simboliza liderança, gosto de viajar, garra, ação, coragem, determinação, tomada de decisões, necessidade de revisão, inteligência intuitiva, vigor e fidelidade aos sentimentos. Também é agressividade, impetuosidade, cobiça, disputa, saúde e liderança.

O Carro sabe que a vida deve continuar, por isso busca ser bem equilibrado, decidido, tendo um certo apego à matéria. Possui magnetismo pessoal e costuma conduzir uma relação a dois.

Carece de humildade e acha-se sempre guerreiro e vencedor. Mas ele é a estrada maior para a individuação.

Essa lâmina está associada à ideia de autodomínio, progresso e vitória. É o Arcano da agilidade, inteligência e triunfo. Símbolo da impulsividade. Indica determinação e coragem na busca de seus objetivos.

Lembra-te, filho da Terra:

*"Falar da justiça é fácil.
Difícil é concebê-la."*

ARCANO VIII

A JUSTICA, O POLITICAMENTE CORRETO, O NORMAL

O Arcano VIII é representado por uma mulher sentada num trono estável e maciço. Segura, em uma das mãos, a balança (peso do Bem e do Mal); na outra, a espada voltada para cima (decisão e verdade).

Simboliza a busca do equilíbrio, análise, lógica, raciocínio, cumprimento das leis, organização. Suas palavras têm o teor da sua honra.

Quando julga, não mistura seus sentimentos pessoais, pois sua avaliação é fria e objetiva. Imparcial e lúcida; a Justiça não se deixa levar por desejos humanos.

A personalidade da Justiça segue o padrão da pessoa normal, direitinha, certinha e equilibrada, sempre tem a resposta politicamente correta e formal, mostrando equilíbrio e sensatez.

Então, imagine encontrar uma pessoa tipicamente arcano VIII e, ao perguntar como ela está, a resposta ser "estou normal". Ao comentário "soube que você se casou", ela responde "casei, é normal". Mas, ao comentarem que já fala em separação... "Isso é normal, quem casa pode se separar, isso é normal", e a conversa segue dentro do certinho e normal.

É objetiva e seu compromisso com a verdade transcende os instintos e paixões. O Arcano Justiça representa a responsabilidade que precisamos assumir na vida em relação aos nossos atos.

Sua preocupação maior é o equilíbrio. É o diálogo entre consciente e inconsciente, que resulta em ação objetiva. A Justiça é a necessidade de criar harmonia entre as forças opostas para que o homem possa caminhar espiritualmente em direção às suas próprias verdades, pois essas são as únicas que perduram.

É fria e rigorosa em sua conduta e julgamentos. Não aceita ideias alheias sem avaliá-las. Pretende entender e racionalizar tudo. Ignora aquele que tenta interferir em seus planos.

Lembre-se sempre que, da maneira como você analisa e julga o outro, você será julgado e analisado.

Lembra-te, filho da Terra:

"Tudo na vida tem sua função periódica.
Em silêncio leve sua própria luz.
Sua solidão jamais será entendida por ninguém."

ARCANO IX

O ERMITÃO, O INICIADO, A INDIVIDUAÇÃO

O Arcano IX é representado por um ancião que leva na mão direita uma lanterna, a luz que ilumina o caminho. Um cajado facilita seu caminhar e seu trabalho. A seu lado, rasteja uma serpente. Ele não a destrói, apenas a encanta.

Esta lâmina simboliza sabedoria, autoconhecimento, solidão, prudência e maturidade. É o silêncio interior onde você se encontra, se ouve e se sente porta-voz e árbitro de suas leis. Acumulando experiências, o iniciado é um viajante que não fica pensando no que deixou para trás, mas naquilo em que a vida o transforma, para explorar suas potencialidades futuras.

Ele é a síntese de quem sofreu, de quem aceitou sua condição humana e sacrificou suas fantasias por uma realidade pessoal que o transformará num ser eterno. É a maturidade na velhice ou mesmo na juventude. Dotado de personalidade marcante, o Eremita tem uma enorme capacidade de conviver com as pessoas, entender seus problemas e aceitar seus defeitos. É incapaz de negar ajuda a quem precisa.

Muitas vezes pode representar alguém fechado em seu mundo, que não se entrega facilmente às pessoas e aos envolvimentos emocionais, só confiando em si e, talvez, com tendência ao egoísmo.

Nesse caso, desconfia discretamente das pessoas, podendo ser avarento, introspectivo, calado, observador e resistente.

Tem olhar profundo, penetrante e desafiador. Quando se apaixona, tem em mente nunca se misturar ou se fundir com a pessoa amada. O Eremita é o momento em que, tendo atingido uma segura unidade interior, a pessoa sente-se capaz de se expor ao caos externo sem se deixar confundir.

Ele simboliza o viajante solitário que clareia sua própria escuridão, que atravessa as dimensões do espaço e do tempo para conquistar o sentido do aqui e agora. É o poder mágico que o homem tem de conhecer a si mesmo e a necessidade que cada um de nós tem de descobrir a sua luz interior.

Simboliza a prudência, a sabedoria, a maturidade. Demonstra um interior rico, sábio, só que voltado para si mesmo. Paciente, tímido Não extravasa suas emoções, mostrando-se fechado e introspectivo.

Lembra-te, filho da Terra:

*"Se tudo gira bem, não se prenda. Isso passa.
Se tudo gira mal, também não se prenda.
Isso também passará."*

ARCANO X

A RODA DA FORTUNA, O CURSO, A SORTE

O Arcano X é representado por uma roda em constante movimento. É intercalada por dois gênios, simbolizando o Bem e o Mal. Acima, aparece uma figura imóvel, em alusão aos mistérios de todas as coisas e à interpretação do sentido oculto daquilo que é aparente.

Esta lâmina é a imagem do retorno, do fluxo contínuo da vida, do ir e vir dos acontecimentos e dos ciclos da natureza. É o destino que se cumpre em busca de um incessante ponto de equilíbrio. É entrar em situações repentinas, independentemente de nossa vontade; ganhar ou perder a qualquer momento.

Fazem parte da natureza da Roda o desafio individual, a pressa, a instabilidade e a impossibilidade de fugir do inevitável. Sua imagem é profunda. As bordas são os eternos ciclos da vida.

Seu eixo, no entanto, permanece imóvel. É o eu interno, centrado, imutável e eterno que encontrou em si a força independente das influências externas que fazem girar a Roda, como moinho de vento. Esses "ventos" podem ser fracos ou fortes, e isso prenuncia, no jogo, mudanças repentinas que podem ser boas ou más.

Esse Arcano é a imagem de que "tudo passa", nada se mantém: dinheiro, riqueza, apogeu, progresso, tristeza, dor, solidão etc. Focaliza a questão do destino *versus* livre-arbítrio e a energia que tudo movimenta. É a expectativa do que vem e vai, a lei imutável da causa e efeito.

A Roda representa a energia em constante transformação, a dualidade: integração e desintegração, morte e renascimento. Seus principais objetivos são conquistar, ganhar e ascender. Para isso, reúne ansiedade, movimento e agitação. Esta carta determina força de vontade, mesmo que isso exija paciência e perseverança.

Lembra-te, filho da Terra:

"É difícil controlar a força do animal interior, sem ferir e ser ferido."

ARCANO XI

A FORÇA, A PERSUASÃO, O DOMÍNIO DE SI MESMO

O Arcano XI mostra a figura de uma mulher controlando, sem esforço, um leão. Acima de sua cabeça encontra-se o símbolo do infinito, a *Lemniscata*. Representa o triunfo da inteligência, da força sem agressão, da confiança em si e nos valores éticos e ideológicos.

Está ligada ao sentido de permanência interior que surge a partir do reconhecimento do próprio eu. É a força da atração sexual, controle de todo tipo de energia, zelo e triunfo do amor sobre o ódio.

Jamais se submete à personalidade ou vontade do outro. Possui a autoridade de quem confia em si.

Significa a natureza humana que é capaz de fazer frente à natureza animal. Ela não acalenta sonhos. A realidade é seu trânsito na vida. Sincera, chega a ser dura em suas opiniões. Possui autocontrole, podendo também reprimir suas emoções e sentimentos.

Tem audácia, habilidade, virilidade e carisma. A Força é a exigência, a autoimportância, a convivência benéfica com o inevitável e a transformação da força animal para que o homem atinja o máximo em seu aspecto humano. Ela é, antes de tudo, a integridade para consigo mesma e para com os outros.

É o triunfo da inteligência sobre a brutalidade. Representa persuasão, trabalho, vitalidade, confiança nas suas potencialidades, nos seus valores morais e ideológicos. É uma personalidade dominadora, séria e carismática e muitas vezes indica a solução para problemas sentimentais.

Lembra-te, filho da Terra:

"Não sei se sou eu que estou de cabeça para baixo diante do mundo ou se o mundo é que está de cabeça para baixo diante de mim."

ARCANO XII

O ENFORCADO, O PENDURADO

O Arcano XII é representado por um homem pendurado de cabeça para baixo. Em seu rosto não há expressão de desespero, dores ou perdas. Suas pernas cruzam-se, formando um quatro (4), que é o quadrado, a concretização.

Esta lâmina é o símbolo do sacrifício voluntário, da transição e de uma autoiniciação. Representa experiências amargas, carências, reajustes, pendências e falta de firmeza nas opiniões. É abrir mão de tudo que já se conseguiu anteriormente para começar de novo com uma consciência maior.

Pode ser autopiedade, complexo de inferioridade, abstinência, masoquismo, impotência, culpa ou desilusão. Sentir o enforcado é o desafio maior de quem quer se arriscar na vida, inverter seus valores e subverter a ordem estabelecida. É a fé de quem apostou em si e banca seus próprios sacrifícios.

Por outro lado, esta carta é a do Iniciado e do momento mágico da renúncia. É a possibilidade de viver um ciclo completamente novo e diferente dentro do que já foi experimentado. São crises de valores e a necessidade de reformulação para que a vida tenha novo teor e nova qualidade.

Nessa fase, a pessoa sente-se pouco disponível para participar de atividades sociais, pois fica melancólica e sem entusiasmo. O Enforcado diz que você jamais será o mesmo a partir do momento em que entrar, por livre-arbítrio, no seu processo das mudanças mais profundas e radicais da vida.

Misticismo, sacrifício, abnegação. Mostra que a pessoa não tem muita firmeza de opinião, nem convicção em seus desejos. É o famoso "coitadinho" aos olhos dos outros.

Em sentido positivo, é o abrir mão em nome de algo maior, o Sacro Ofício, como ato de oficializar o que há de mais sagrado.

Quantas vezes você abriu mão de algo em prol dos outros? Quantas coisas importantes você deixou de fazer para si mesmo em prol dos outros e ninguém soube?

Quantas vezes você sofreu, carregou sua cruz, e ninguém reparou?

Lembra-te, filho da Terra:

*"A perda do entusiasmo
é uma forma de morte prematura;
é como aceitar a derrota antes de ser derrotado."*

ARCANO XIII

O CEIFADOR, A MORTE, O FIM

O Arcano XIII é o símbolo da renovação, transformação, renascimento, finalização de ciclos e abertura de novos caminhos. É a lei irrevogável de morte e renascimento que cada um de nós vivencia na marcha da evolução.

É o contato com as características primitivas da natureza pessoal e o lado obscuro das coisas que precisam ser purificadas e selecionadas. Significa a descoberta do submundo das próprias emoções. A partir da morte inicia-se uma nova etapa.

É a destruição, morte e eliminação, transformando tudo que já foi criado e impedindo que se mantenha estático. Alterações do que imaginamos ser (quebra de identidade), perda de ilusões, ruptura de laços com pessoas ou propriedades.

A morte simboliza o NÃO!, o basta, o cortar o mal pela raiz. Mudar o paradigma. Largar, jogar as coisas velhas fora, dando espaço para o novo. É o momento mágico da entrega diante da fatalidade e a aceitação de algo muito maior e mais poderoso do que si mesmo.

São experiências estressantes, choque entre os mundos interno e externo, rendição diante daquilo que não pode ser mudado, depressões, desafios, perda do poder, impotência, frieza, vazio, ausências, agressão, ameaça, indiferença, rejeição, violência, abandono ou tensão do ter ou do perder.

É a aceitação do imutável, e a experiência de "morrer" para renascer numa escala superior de consciência. Este Arcano é a visão da vida mais rica e profunda de quem atingiu o seu propósito de fazer parte da matéria prima da vida. É a revelação dos tesouros internos e o momento espiritual de integração à verdade.

Seu lema é "cortar o mal pela raiz", para recomeçar, renovar, mudar. Tudo com muita fé, coragem e uma forte estrutura emocional. É a transformação de todas as coisas, a marcha da evolução, a desmaterialização.

Lembra-te, filho da Terra:

"Você pode fazer o que quiser na vida, mas não quando quiser e nem como quiser."

ARCANO XIV

A TEMPERANÇA, O ALQUIMISTA, A TRANSMUTAÇÃO, O TEMPO

O Arcano XIV mostra a imagem de um ser alado vertendo água de uma vasilha de prata em outra de ouro. Sua ação expressa a transformação experimentada pelo fluido vital ao passar da ordem lunar (o interno) para o solar (o externo), ou seja, da prata para o ouro.

Esta carta é a da alquimia interna, da experiência, do trabalho e da realização das coisas em seu devido tempo. É o movimento incessante da energia que purifica o homem em seu momento de espera e reflexão.

Pode ser angústia, sofrimento, longas viagens, muito trabalho, calma e paciência.

É a impossibilidade de sermos agentes ativos interventores nos nossos ciclos. A Temperança é a percepção desabrochando para a vida. É tudo aquilo que pode ser conseguido pelo autocontrole e persistência. É o movimento da regeneração e purificação e a necessidade de um redirecionamento dos objetivos e relações.

São os poderes que atuam em nós e que estão além da nossa experiência cotidiana. É a confiança nas correntes profundas da vida e o deixar-se fluir com ela

Ela simboliza os rituais, intercâmbios, comunicações. Esse Arcano representa a alquimia interna que integra corpo e alma de um modo individual e expressivo.

Simboliza a profunda experiência. Capacidade de avaliar com calma e minúcia cada situação do cotidiano através da circulação, regeneração e purificação das águas. Um de seus aspectos negativos é a falta de praticidade. Para essa lâmina, "água mole em pedra dura tanto bate até que fura".

Lembra-te, filho da Terra:

*"Os que combatem o fogo com fogo,
em geral, acabam ficando apenas com as cinzas."*

ARCANO XV

O DIABO, O INSTINTIVO, A PAIXÃO

O Arcano XV é uma figura andrógina com chifres e cara de bode, patas de mula e asas de morcego. Numa bigorna a seus pés, um casal encontra-se amarrado por correntes grossas, porém frouxas, uma na cintura da mulher e a outra no braço do homem, o que significa servidão.

O Diabo, como o conhecemos, foi inventado há cerca de 2.500 anos. Exatamente quando se começou a pregar o Deus único, também inventaram o Mal único.

É a soma dos deuses da fertilidade, guerra, prazeres e bebedeiras. Set e Mut, egípicios, e o Pan grego não eram propriamente maus, como prega a ortodoxia de certas doutrinas, mas, sim, a pulsão da vida, os instintos, a libido, a natureza indomada e a fúria das paixões. É o desejo sexual, o apetite, o vício e a incapacidade de projeção das metas.

Indica a necessidade de se confrontar tudo que está oculto e vergonhoso na base da personalidade. Para ele não há limites, e sua atuação independe de princípios ou moral.

Representa também ciúme, amor possessivo, paixões secretas e a concretização de desejos egoístas.

Ele é o nosso lado animal instintivo – o instinto de roubar, matar e mentir que todo animal possui e que no ser humano chega ao extremo do requinte.

Tal instinto, porém, faz parte da natureza humana e não deve ser rejeitado nem destruído, mas, sim, cuidado e controlado para ser analisado e trabalhado com atenção, pois sua livre ação acarreta-nos graves consequências.

O ser humano só deixa de ser animal quando busca a qualificação espiritual para dominar e sobrepor-se aos instintos. Todavia, a aceitação dessa natureza é o que abre à possibilidade de cumprir o destino especificamente humano.

O Diabo vive por compulsão e não consegue estabelecer uma união com seu "eu" num nível diferente de percepção. Ele se deixa levar pelas tentações. É o instinto indomado. Tem súbitas explosões, ódios e instintos irrefreáveis. É fanático, de caráter vingativo, duvidoso e ambivalente.

Nunca evoque o seu lado mal, instintivo e animal. É difícil livrar-se de maus hábitos e vícios.

É a lâmina das paixões, do instinto, das atrações secretas, das artes mágicas. Ao mesmo tempo indica frieza e inteligência.

Lembra-te, filho da Terra:

"Ter quebrado não tem importância alguma, a não ser que você continue a lamentar isso."

ARCANO XVI

A TORRE, A CASA DE DEUS, A RECONSTRUÇÃO

O Arcano XVI representa uma torre fulminada por um raio vindo do céu. Do topo, em forma de uma coroa de cinco pontas, caem duas figuras. Elas simbolizam o rei e o seu arquiteto.

Esta lâmina significa a destruição de antigos padrões, perda de estabilidade, ruptura das relações anteriores e crises interna e externa. É o prenúncio de quebras de estrutura das leis vigentes, separação repentina, decepção, susto, catástrofes, perda de bens, extravios e calamidade pública.

É a alteração brusca do padrão de vida, desilusões, desastres. Numa expressão popular, pode ser "puxar o tapete do outro".

Representa o desejo de romper com tudo que é falso, para recomeçar sem angústia e com liberdade.

Pode ser o orgulho ferido de quem se acha superior a todos, o dia a dia em que dá tudo errado, "levantar com o pé esquerdo", ambição de atingir o sucesso e busca da fama.

Quanto à saúde, indica instabilidade no sistema nervoso, raiva e imprudência.

O fundamental nesse Arcano é a capacidade de reconstrução, de erigir o que se quer com métodos diferentes, pessoas novas e noutro lugar.

Representa dificuldades de construir algo concreto. Indica falta de confiança no seu potencial. Expressa o perigo que conduz o excesso em si mesmo e suas consequências.

Lembra-te, filho da Terra:

*"A esperança não é a última que morre,
é a última que nasce."*

ARCANO XVII

A ESTRELA DOS MAGOS

O Arcano XVII é simbolizado por uma jovem pura e desnuda em perfeita integração com a Natureza. Um pé na terra e outro na água, ela derrama a água da vida contida nos dois vasos, simbolizando o despertar de novas ideias e a antecipação de novos conceitos.

No céu, há uma estrela maior e outras sete menores. É o desabrochar do paraíso que todos nós buscamos. Esta lâmina representa a inspiração, a leveza e o amor em todo o seu esplendor. É a estrada em uma dimensão maior da vida. É a natureza contemplando a existência terrestre sob o prisma da espiritualidade.

São os sonhos e o material inconsciente que se misturam e se fundem em direção ao consciente. É a esperança que emerge das profundezas para tornar a vida melhor. Pode ser meditação, relaxamento, tranquilidade e tudo que se harmoniza em si.

A Estrela pode ser ingênua e inocente. Imagem da esperança, ela vem como um alento na dor e nos sofrimentos, pois deposita no futuro suas convicções e a ele credita soluções para os problemas.

É o Arcano do lado menos condicionado do homem, a intuição, a bússola, as diretrizes para o seu viver em harmonia com a natureza. Esse Arcano está ligado à música, filosofia, artes plásticas, poesia, movimentos ecológicos e naturalismo. A Estrela é a aparição misteriosa da esperança no círculo da vida. Expressa a comunicação entre os mundos, fé, pensamento positivo. É a possibilidade de ser feliz.

Corresponde a uma pessoa aberta, sensível, muito amiga e, por isso mesmo, presa fácil de gente mal intencionada.

Lembra-te, filho da Terra:

"Os otimistas e os pessimistas possuem um defeito em comum: ambos temem a verdade."

ARCANO XVIII

A LUA, O CREPÚSCULO

O Arcano XVIII é simbolizado por dois animais uivando em direção à lua e um caranguejo que sai da profundeza das águas, dentro de um cenário que transmite medo e angústia.

A Lua é o mergulho profundo nas verdades dolorosas da vida. É o mergulho nas depressões, angústias e ansiedades, representa o momento mais doloroso e desolador da nossa jornada. Compreende um período de confusão, incerteza, choro, devaneios e desesperos.

É o nosso mundo abissal e a coragem de enfrentá-lo, pois é lá a morada dos nossos monstros interiores, que tememos conhecer. É também a abordagem do lado noite da nossa vida, o pedido de socorro, o contato com a natureza bestial e o nascimento de uma possível rendição.

Esta lâmina sugere a presença de mágoa, intuição, magia, má influência, inimigos ocultos, falsas promessas, perigo, imaginação fértil, intrigas, mentiras, conspiração, verdade nua e crua e novas descobertas.

Esse Arcano significa o contato com os nossos mistérios quando todas as coisas entram em ebulição e revelam-se maiores do que imaginávamos. Devemos respeitar e não temer a Lua, pois ela desvendará os segredos do nosso interior. Pode ser um momento extremamente fecundo.

Intuição, imaginação, magia. Significa a noite, depressão, a angústia, o medo. Indica insegurança, mas também inteligência.

Representa a noite escura da alma e sua travessia. Este Arcano deve ser respeitado, pois desvenda os segredos do nosso interior.

Lembra-te, filho da Terra:

"O difícil não é encontrar a luz do amor, mas unir-se a ela, e conviver com seu brilho."

ARCANO XIX

O SOL, O CANTAR DO GALO

Arcano XIX representa a figura de duas crianças quase desnudas, que se mostram perfeitamente integradas entre si. Atrás das mesmas, um muro indica a existência de um limite. Simboliza a essência da vida, nosso caminho, nossa luz e nossos arquétipos.

É a concretização do todo e o ponto de luz que procuramos absorver para a elevação do nosso íntimo.

O muro é símbolo das barreiras, das dificuldades, da sombra e das limitações. Não podemos nos entregar, nos desnudar por inteiro ao sol, sob pena de nos queimarmos. Temos de ir devagar ao encontro dele, na impossibilidade de conceber todos os seus mistérios.

Esse Arcano representa a unificação do micro com o macro, e seu caminho é feito de leveza, espontaneidade e naturalidade, para levar-nos a Deus e ao amor. Significa crescimento espiritual, satisfação, realização, alegria, casamento, devoção, sentimentos altruístas, sinceridade, glórias, relações favoráveis e religião.

É o presente que se mostra claro e puro, e a manifestação do verbo Divino no mundo. É o amor, bem além do nosso micromundo. É o Ego, a impressão que você passa, visando o Eu, sua essência e substância.

O Sol é o discernimento de quem sabe de si e do outro. É dar e receber, entrar em sintonia com todos os aspectos da vida pela consciência de poder ser feliz apesar das dificuldades.

Nesse Arcano o Amor é o princípio e a causa de tudo.

Razão, reflexão, objetividade. Transmite vivacidade e desembaraço. Corresponde à espiritualidade, glória, iluminação. Esse Arcano simboliza o nosso caminho, a nossa luz.

Lembra-te, filho da Terra:

"Podemos questionar todos os problemas,
mas a libertação maior surgirá com Deus.
O futuro é o passado voltando por outra porta."

ARCANO XX

O JULGAMENTO, INTERCESSÃO

O Arcano XX é simbolizado por um anjo que toca uma trombeta. Três mortos recebem a luz, revivem e saem do túmulo.

Esta lâmina é o despertar do passado, com seu acervo de experiências, para que no futuro possamos construir algo melhor.

É a nova ordem que surge a partir da conquista de novos ideais e valores. Significa que permanecíamos cegos e adormecidos para a verdade durante muito tempo, mas que fomos recompensados, pelo exercício do aprendizado.

O Julgamento é o final da purgação, a cura, a superação ou o renascimento de alguém que despertou para uma nova vida. Por outro lado, pode sugerir uma fuga da realidade através de uma falsa espiritualidade.

Sua linguagem é a de Deus. É o Arcano do futuro; no jogo, indica um fato imprevisto ou uma missão a cumprir.

O maior ensinamento desta lâmina é que devemos analisar nossas ações, sobretudo os equívocos do passado, tirando deles os ensinamentos que nos proporcionarão, no futuro, o pleno desenvolvimento de nosso mundo interior.

É a carta da mutação. Simboliza renovação, cura, ressurreição. E antes da transformação, questionamento, exame, avaliação das experiências.

Representa o casamento do Céu com a Terra, um momento mágico, quando os dois unem-se para uma grande mudança.

Indica charme e carisma. Há pessoas que desenterram o melhor da gente, assim como há pessoas que desenterram o pior! Cuidado!

Lembra-te, filho da Terra:

"Cada um tem seu mundo, seu espaço. O homem é Deus, só que se esqueceu disso."

ARCANO XXI

O MUNDO, O CONSULENTE

O Arcano XXI é simbolizado por uma figura andrógina que tem seios e órgão genital masculino, encoberto por um pano. Segura com a mão esquerda a baqueta mágica; com a direita, outro bastão. Em volta de si há uma guirlanda significando a serpente que morde a própria cauda.

Representa as realizações e o momento certo para alcançarmos um objetivo. É a consciência ampliada para todas as coisas do mundo e as que a ele transcendem. O homem sendo influenciado e influenciando o mundo em torno de si.

Na descrição de Jung sobre a *Individuação* encontramos a experiência e o sentido desse Arcano: "Experimentar o eu significa estar sempre consciente da própria identidade". Então, você fica sabendo que nunca poderá ser outra coisa senão você mesmo, que nunca poderá perder-se, que nunca se alienará de si. Isso é assim porque o Eu é indestrutível, é sempre um e o mesmo, não pode ser dissolvido nem trocado por outra coisa. O Eu permite-lhe permanecer o mesmo em todas as condições de sua vida.

Representa o homem diante do todo, em busca do seu espaço. É a integração dos lados feminino e masculino. Esse Arcano é a culminação dessa longa jornada.

Caracterizado por possuir um espírito livre e aventureiro, contudo, bem-resolvido. Entrega-se totalmente à vida, aos prazeres do mundo, gosta de conquistas. Vive cada momento com intensidade. Geralmente é desorganizado.

É a lâmina que nos sugere êxito, capacidade, expansão, libertação, triunfo, saúde e busca do equilíbrio do universo interior. Significa a estabilidade de quem está estruturado para fazer da própria existência a revelação maior da vida. Simboliza a Grande Obra.

O SEGREDO DAS CARTAS

O QUE DIZ O ORÁCULO ?

Através do Tarot podemos conhecer melhor as pessoas, a nossa própria vida, o passado e o futuro. Mas de que maneira isso acontece?

A simbologia dos Arcanos funciona como elemento intermediário entre o mundo externo e o interno. Cada carta representa um mistério da natureza humana. Quando consultamos o Oráculo, o lado místico e mágico presente nessa combinação de imagens e números faz com que o inconsciente surja em fluxo direto, até o estado de consciência plena.

Em outras palavras: através desse processo, nossa percepção, reprimida pelo mundo racional e lógico em que vivemos, vem à tona. A intuição manifesta-se através das imagens arquetípicas como uma verdadeira radiografia do inconsciente, podendo proporcionar o afloramento de um conjunto de emoções, vivências e sentimentos que geralmente ignoramos possuir.

INÚMERAS POSSIBILIDADES

O universo mágico do Tarot possibilita uma viagem no tempo e a outras dimensões. Podemos proceder a uma síntese do passado, analisar o presente ou mostrar como as coisas estão programadas para acontecer, ajudando as pessoas não só a prever, mas a dar-se conta do seu presente, para assim, estar consciente da construção de seu futuro.

O Tarot também pode ser usado para informações de ordem prática. O importante é reconhecermos nossa própria história, para conquistarmos a oportunidade de trabalhar erros e imperfeições. O homem não é uma obra acabada, e deve buscar sua evolução através do autoconhecimento.

Sensibilidade

É preciso tomar cuidado na leitura. As cartas nunca mentem, por isso, fale sempre o que estiver sentindo quando interpretá-las, evitando colocá-las para pessoas muito íntimas. Conseguimos melhores resultados com pessoas que não conhecemos bem, pois nossa racionalidade, em tais casos, interfere menos na interpretação. A sensibilidade é um fator fundamental na consulta do Tarot.

Como colocar o Tarot

O ambiente é importante. Deve ser silencioso, para facilitar a concentração, sem músicas de fundo ou movimentos que dispersem a devida atenção. De preferência, jogue as cartas sobre um pano preto e guarde sempre o baralho com o Mago, a lâmina 1, na frente. Não se esqueça de anotar os jogos num caderno reservado especialmente para isso, mantendo assim um diário. É a melhor forma de você ver como o Tarot revela sua magia, o seu poder pessoal.

A pessoa que está se consultando deve sentar-se diante de quem está lendo, com as pernas e os braços descruzados para não desfavorecer o fluxo de energias.

Guarde um tempo antes e depois das refeições e não coloque as cartas se você tiver bebido ou estiver com sono.

É importante não tentar impressionar a pessoa que está se consultando. Diga tudo que estiver sentindo, ainda que seja pouco. Lembre-se que as mensagens do Tarot são ilimitadas. Os limites estão nos tarólogos. Existem mais de 500 maneiras ou métodos diferentes de jogar Tarot, dependendo do que se quiser saber.

MÉTODOS DE CONSULTA

A Mandala

Antes de pôr as cartas do Tarot, coloque o Mago sobre todas as outras. De frente uma para outra, o consultor e o consulente repetem o nome de quem está se consultando. Você embaralha e a pessoa corta, de preferência, com a mão esquerda, que representa o inconsciente. Os canhotos devem cortar o baralho com a mão direita. Junte novamente as cartas e veja qual é a última. Se for o Mago, é sinal de que o jogo está fechado. É preciso deixar o Tarot para outro dia, sem insistir.

Caso a última carta não seja o Mago, isto é, estando aberto o jogo, embaralhe as cartas e apresente-as com os símbolos voltados para baixo, para que o consultante escolha 13. Pela ordem em que cada uma for tirada, elas irão formar a Mandala.

A primeira é a de número zero e ficará no meio do círculo. Representa o Eu, a personalidade da pessoa. A segunda vai para a casa número 1, e assim por diante.

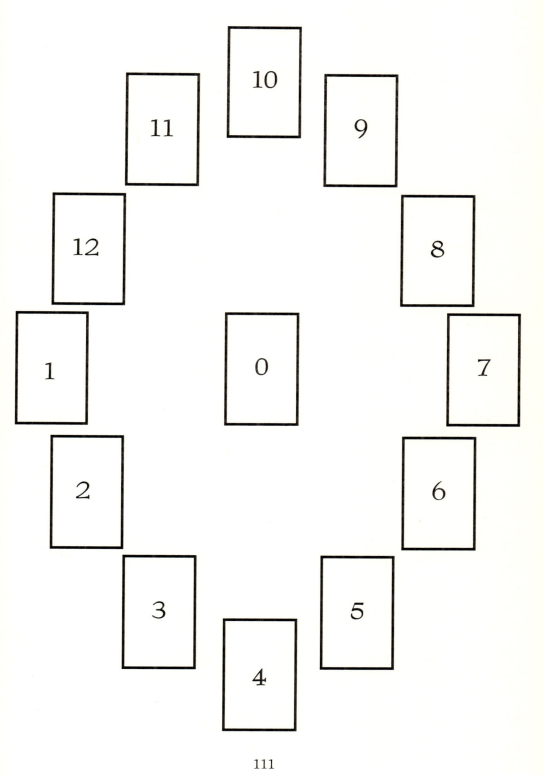

- Casa 0: Representa o consulente, a pessoa.

- Casa 1: Tema, tendências pessoais, trazendo e atenção para si mesmo. Momento. Adaptação às circunstâncias.

- Casa 2: Bens materiais, as propriedades, patrimônio, dinheiro. Valores espirituais e morais. O que se valoriza.

- Casa 3: Comunicação, o intelecto, a escrita e a fala, o ambiente próximo, os irmãos, parentes e vizinhos. A "micro" sociedade. Pequenas viagens.

- Casa 4: O templo interno, as raízes. O lar, a segurança, o seio materno. A vida doméstica, pai e mãe, as origens. A casa (espaço físico).

- Casa 5: O sexo, lazer, divertimento. Manifestações sensoriais. Capacidade de criação. O amor e o afeto. Descontração, jogos. Os vícios. Os filhos.

- Casa 6: As pequenas obrigações do dia a dia, as habilidades e o uso e emprego dos dons e talentos. O trabalho e o ato físico de trabalhar. A saúde. Empregados e animais domésticos. A rotina. A produção. O lugar mágico onde se sofre, ou supera-se os desafios.

- Casa 7: Simboliza tudo o que se refere ao outro, o complemento necessário ao equilíbrio de qualquer ser humano. A energia desta casa nos leva a buscar o que nos é oposto, a procura no outro que não temos. O casamento. As associações e a relação com o outro.

- Casa 8: O inconsciente. Os sonhos. O oculto. A magia. A morte. As transformações. A regeneração, o fim para um novo começo. Os mistérios. Desejos sexuais ocultos e as forças vitais que habitam o interior da matéria.

- Casa 9: Ideais. Religião. Filosofia. Os arquétipos. A necessidade de crescer espiritualmente. O idealismo, o pensamento abstrato e o estabelecimento do código de valores individuais. Plano mental. O estrangeiro, o comércio exterior e as grandes viagens. O que se tem e o que se quer transcender.

- Casa 10: Simboliza a montanha que galgamos pelo nosso sucesso e realização na vida. Representa a nossa obra, a meta a conquistar. Objetivos. Finalidade. *Status quo*. Projeção social. O nível de excelência. A relação com o poder.

- Casa 11: Simboliza a esperança, o pensamento projetado no futuro, os amigos, clubes e agremiações. A "macro" sociedade. A liberdade, o inesperado, a novidade. Procure lembrar-se que o futuro ainda não existe, portanto, nele cabe qualquer possibilidade.

- Casa 12: Simboliza o karma, as dificuldades que se apresentam na vida para serem superadas visando ao aprendizado e à purificação. É o chamado "inferno astral". É também o "hospital do zodíaco", ou seja, é a casa das hospitalizações, das doenças hereditárias e ou incuráveis. Pode-se ver também os exílios e as prisões.

O Péladan

Esse método, muito conhecido entre tarólogos, foi desenvolvido por Joséphin Péladan (Mestre Rosacruz).

- Casa 1: Tema, situação. Aspecto positivo. Afirmação.
- Casa 2: Aspecto negativo. Obstáculos. Oposição. Negação.
- Casa 3: Caminho a ser seguido. Próximos acontecimentos. Discussão (juízo).
- Casa 4: Resultado. Solução. Sentença.
- Casa 5: Síntese. A alma da questão.

> Atenção <

O significado das cartas, "positivo" ou "negativo" não deve ser analisado e decorado de uma forma intelectual. O Tarot é um processo simbólico de liberar algo que você já possui – a sua intuição.

Cada Arquétipo, Arcano ou Símbolo deve ser sentido e meditado para cada caso. Mais vale uma interpretação simples e natural, do que buscar um "delírio intelectual".

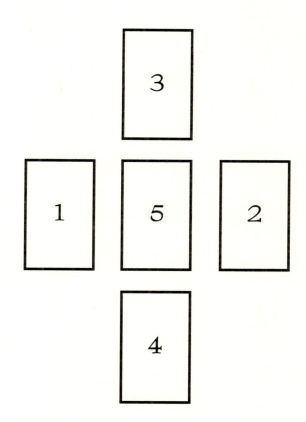

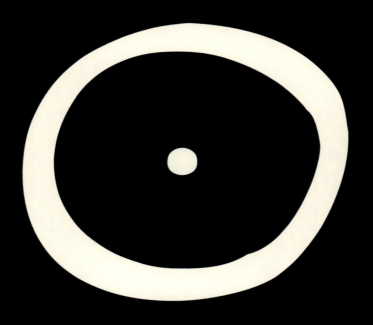

Meditação Profunda
Trabalhando com Imagens

Ao consultar o Tarot, pode-se ampliar em vários níveis a consciência, que, através da contemplação imagética dos arquétipos, se revela na intuição, nos fazendo ver com clareza o presente, o passado e as emoções vividas que não foram totalmente elaboradas, resultando assim em sentimentos e emoções negativas. Através do distanciamento e da observação do que as cartas estão representando num determinado momento, é possível dar-se conta dos nós energéticos, e essa tomada de consciência possibilita um reposicionamento, desfazendo, desse modo, todo um condicionamento energético que lhe trazia medo, ansiedade e angústia, sem que você estivesse consciente e pudesse exercer controle sobre isso. Precisamos desfazer os nós do nosso passado, para termos um futuro tranquilo.

Meditação com Imagens

Emoções, ideias e pensamentos do passado podem incomodar nosso corpo. O futuro também muitas vezes traz ansiedade. Através da prática de meditação com as imagens arquetípicas do Tarot, aprenderemos a mudar o condicionamento do que se passou conosco.

Todo esse mundo oculto e simbólico é atuante em você, muito antes de sua mente ser estruturada, educada, e organizada no mundo da lógica, da razão e do explicado, onde a vida é mecânica, concatenada, onde tudo é aparente, ficando a impressão de que o passado se foi... que o presente é... e que o futuro, obviamente, é consequência.

Todas essas imagens e sentimentos você as vivencia desde a infância, emoções, medos, mistérios, percepções abstratas, sentimentos internos, que você nunca soube comunicar.

O exercício do Tarot traz segurança, clareza, compreensão da sua história, das suas vivências, de sua personalidade e do que você está criando para si mesmo e para o seu futuro.

Como tem vivenciado as suas torres? Suas mortes? Suas perdas? Sua solidão? Pelo exercício da consulta do Tarot, você observa que o mesmo pai, mãe, irmão, esposa, namorada, amigo, colega de trabalho, sócio, chefe etc., apresentam-se a cada momento por uma nova simbologia, mostrando que, embora alguém possa ter um arcano, uma carta do Tarot que represente mais basicamente suas características de personalidade, esse alguém é também uma pessoa que está vivenciando diversos mistérios e diversas fases, como você.

Precisamos lembrar que, por sermos magos, somos muito maiores do que qualquer imagem que até hoje conseguimos fazer de nós mesmos. A utilização dessa magia tem sido o motivo pelo qual o professor Namur desde 1975, e, à frente da *Academia de Cultura Arcanum*, entidade que congrega várias ciências e culturas, vem mostrando esse maravilhoso mundo de forma prática e objetiva. Dando continuidade a este trabalho, o professor Namur desenvolveu junto à tarologia, diversos métodos de consulta e treinamentos psicológicos, dentre os quais destaca-se a *Técnica de Harmonia, Intuição e Sucesso* ou *THIS* – expressão inglesa usada por George Groddeck, no final do século XIX, para se referir ao inconsciente – capaz também de expressar, no momento do insight, o reconhecimento daquilo que nos afeta – Isto! Pelo aprofundamento das técnicas do *THIS* você descobre que as pessoas não "são", elas "estão" simplesmente se mantendo de uma determinada forma ou maneira.

Técnica
Métodos e exercícios que levam ao desenvolvimento e ao aprimoramento das potencialidades.

Harmonia
Representa o real caminho para conciliação de forças opostas.

Intuição
Capacidade de ter informações e percepções transcendentes.

Sucesso
Pois todos nós sentimos prazer em cumprir nossa missão, só precisamos continuar no caminho.

Preparando-se para a meditação

Lave as mãos, sente-se em frente a uma mesa e coloque o seu Tarot aberto sobre ela. Observe aquelas imagens, cores... quantas sensações, quantas vibrações elas lhe trazem! Como liberam sentimentos e vivências tão antigas, sonhos infantis, recordações de criança, medos, ansiedades... pronto, você conseguiu trazer à tona essa nuvem escura de dor profunda que o/a anda atormentando. Observe que isso realmente aconteceu, mas foi apenas um momento desagradável de seu passado. Agora escolha uma carta do Tarot que lhe passe uma sensação exatamente oposta a esse sentimento passado, relaxe e respire tranquilamente durante alguns minutos. Coloque essa carta em algum lugar onde você possa vê-la sempre, afague-a em seu coração.

A = 1
B = 2
C = 3
D = 4
E = 5
F = 6
G = 7
H = 8
I, Y, J = 9
K = 10
L = 20
M = 30
*N e o til (~) = 40
O = 50
P = 60
Q = 70
R = 80
S = 90
T = 100
U, V, W = 200
X = 300
Z = 400

*(til é o único sinal diacrítico que tem valor.)

A KABBALAH
TABELA MEDIEVAL DE BONGO

Numerologia Cabalista – descubra o seu Arcano pessoal

A tabela ao lado contém os valores numéricos associados a cada letra; siga o exemplo abaixo para encontrar o número do seu Arcano.

Exemplo: Ana Maria Bordallo

ANA [A=1 N=40 A=1] = 42

MARIA [M=30 A=1 R=80 I=9 A=1] =121

BORDALLO [B=2 O=50 R=80 D=4 A=1 L=20 L=20 O=50] = 227

SOMANDO: 42 + 121 + 227 = 390

RESULTADOS ENCONTRADOS ACIMA DE 22:

3 + 9 + 0 = 12

12 - O ENFORCADO

Sobre o Tarot...

O Tarot tranforma pessoas rudes em sábias; sua magia transcende a razão, encoraja a criatividade, a imaginação e a intuição; sobretudo, desperta a compreensão e a reflexão.

Através do Tarot conhecemos as pessoas, a Vida, e as forças que nos influenciam no passado, presente e futuro. Produz uma radiografia do inconsciente, fazendo aflorar um conjunto de emoções, vivências e sentimentos que geralmente ignoramos possuir.

Podemos meditar sobre o que o abade Éliphas Lévi (1810/1875) escreveu em relação aos Arcanos, em meados de 1855:

> "Existe um livro que, apesar de muito popular e de podermos encontrá-lo em todos os lugares, é o mais desconhecido e o mais oculto de todos, porque contém a chave de todos os outros [...] obra monumental e singular, simples e forte como a arquitetura das pirâmides; portanto, durável como elas. Livro que resume todas as ciências, e cujas combinações infinitas podem resolver todos os problemas; livro que, falando, faz pensar. Talvez a obra-prima do espírito humano e, seguramente, uma das coisas mais belas que a antiguidade nos legou.
>
> "(...) O Tarot é uma máquina verdadeiramente filosófica, que evita que a mente devaneie, ao mesmo tempo em que deixa a sua iniciativa em liberdade; ele é a matemática aplicada ao Absoluto, a aliança do positivo com o ideal, uma loteria de pensamentos exatos como números, talvez a mais simples e mais grandiosa concepção do gênio humano.

"Se uma pessoa que estivesse encarcerada, sem nenhum outro livro além do Tarot, soubesse como utilizá-lo, poderia em poucos anos adquirir conhecimento universal e seria capaz de falar a respeito de todos os assuntos com inigualável cultura e com inesgotável eloquência."

E este lindo texto de P. D. Ouspensky (1878/1947), filósofo russo que foi discípulo de Gurdjieff:

"Nenhum estudo de filosofia oculta é possível sem uma familiaridade com o simbolismo, pois se as palavras ocultismo e simbolismo são corretamente utilizadas, elas significam quase que a mesma coisa. O simbolismo não pode ser aprendido como se aprende a construir pontes ou a falar uma língua estrangeira.

"A interpretação de símbolos requer um estado mental especial; além do conhecimento tangível, faculdades especiais (como o pensamento criativo e a imaginação). Alguém que entenda o uso do simbolismo nas artes, sabe, de maneira geral, o que significa simbolismo oculto. Mesmo nesse caso, porém, um treinamento especial da mente é necessário, para a compreensão da 'Linguagem dos Iniciados', e para expressar, nesta língua, as intuições, à medida que são levantadas.

"Existem muitos métodos para o desenvolvimento do 'sentido dos símbolos' para aqueles que procuram conhecer as forças ocultas na Natureza e no Homem. Assim como para ensinar os princípios fundamentais e os elementos da linguagem esotérica. O mais sintético, e um dos mais interessantes desses métodos, é o Tarot. Seu estudo, entretanto, obedece a regras especiais, pois um símbolo pode servir para engatilhar e transferir nossas intuições e sugerir novas.

"... As letras do alfabeto hebraico e várias alegorias da Cabala; os nomes dos metais, ácidos e sais da Alquimia; os planetas e constelações da Astrologia; os bons e os maus espíritos da Magia – todos esses aspectos estão contidos no Tarot, de modo velado aos não iniciados. Mas quando o verdadeiro alquimista procura pelo ouro, procura o ouro da alma humana; quando o astrólogo fala de constelações e planetas, ele fala de constelações e planetas na alma humana, ou seja, nas qualidades da alma humana e sua relação com Deus e com o mundo; e quando o verdadeiro cabalista fala no Nome de Deus, imagina Seu Nome na alma humana e na Natureza, não em livros mortos ou textos bíblicos, como faziam os cabalistas escolásticos. Assim, Cabala, Astrologia, Alquimia e Magia são sistemas paralelos de metafísica e psicologia, simbolicamente representados pelo Tarot. Desta forma, qualquer Arcano do Tarot ou qualquer sentença alquímica pode ser lida de modo cabalístico ou astrológico, mas o seu significado será sempre psicológico ou metafísico."

O Tarot foi perseguido e denunciado, entre outras coisas como o "Livro do Diabo" durante a Inquisição. O Tarot sobreviveu nos subterrâneos das bibliotecas e até nas mãos dos ciganos.

Um dos seus maiores expoentes no Ocidente foi o sábio Giordano Bruno, que recomendava meditações com as imagens das cartas. Ele morreu em Roma, queimado pela Inquisição, em 1600.

Palavras do autor

No Brasil, talvez eu seja o único tarólogo que desde o início da década de 70 vivencia o Tarot diariamente, fazendo a leitura do oráculo, dando consultoria, ou ensinado a seu respeito. E, embora eu tenha estudado os arquétipos, a história e as teorias, foi por meio dessa vivência diária que permeou minha vida pessoal e profissional, que fui realmente apreendendo esse saber. Dia a dia, olho no olho, face a face. E interiorizando a emoção que cada arcano trouxe para pessoas diversas que tive oportunidade de apreender seus significados e significantes.

Dentro de mim, sempre tocava uma música, um sentimento, uma emoção que eu intuía, e assim, falava com cada um, apontava os caminhos, e as pessoas saíam desse processo acrescidas de uma nova visão.

Nessa aventura de me tornar um consultor, relacionei-me com vários artistas, políticos, empresários; debati em programas de rádio e televisão com senadores, deputados, governadores e vários presidentes. Em algumas ocasiões, compartilhei caminhos e visões holísticas em produções para o teatro e TV, e isso me trouxe muitas histórias.

O ponto em comum que vejo, é que como seres humanos precisamos aprender, que o passado já passou, e o que podemos fazer com ele é reinterpretá-lo, trazendo novos significados e sentidos para o presente.

O futuro é um universo de possibilidades. Milhões de coisas que não imaginamos e que podem ser mais maravilhosas do que nossos planos, podem acontecer, assim como muitas outras coisas não irão acontecer do jeito que idealizamos... E a questão principal é que tudo depende do nosso presente, porque é neste lugar que podemos de fato fabricar a realidade, e escolher a felicidade. Então, o que toda pessoa procura é a consciência de que pode, aqui e agora, se reeducar, se transformar e desfrutar essa vida mágica.

Nas consultas, procuro fazer uma meditação, na qual o consulente sai consciente de que está vivo, e de que tem muitas possibilidades e que algumas coisas naquele momento são certas. Isso significa que aquela pessoa tem futuro, e que tal futuro pode se dar a partir de uma tomada de consciência e de uma reeducação.

Nesse livro, coloquei frases mágicas para interpretação dos 22 arcanos, os descrevi mostrando a dualidade inerente a natureza dos arquétipos, pois, sim, toda carta tem um sentido bom e um mau. E a imagem estampada, em preto e branco, é para você olhar e se emocionar, podendo inclusive colorir e produzir com isso uma vivência, uma consciência que vai ajudar na interpretação de cada carta. O fundamental é que cada um desenvolva a sua intuição.

Com esta obra, estou dando forma, materializando e compartilhando as coisas em que eu acredito. Estou registrando no papel minha experiência, meu mundo mágico, minha sabedoria, e posso dizer em síntese e com propriedade que o Tarot é intuição.

E por que só agora resolvi escrever? Porque ganhei maturidade depois de tanto tempo vivenciando o Tarot e percebo que cada um vive os arcanos de um jeito único, e, portanto, há inúmeras maneiras de ver a lua, de viver o louco, de se deparar com o eremita. É o que faz com que você possa tocar o coração e a alma daquela pessoa que está diante de você, esperando muitas vezes encontrar a direção, o caminho perdido e a intuição.

Assim, comecei a acalentar o desejo de materializar essa experiência em uma obra, compartilhá-la, mostrar para as pessoas que se aproximam desse oráculo que a interpretação de um mito, de um conto ou de um arquétipo não pode ser teorizada e mecanizada, pois, é preciso vivenciá-lo. O ser humano inteligente não é o *homo racionalis*, e sim o *homo sensivilis*, que se emociona, sente, imagina. O Tarot traz a possibilidade de acesso a essa experiência.

Tarot não é algo para decorar ou repetir, e, sim, meditar na imagem, contemplar... É isso que fomenta o entendimento necessário, o *insight*, a verdade daquele momento, tudo o que deve surgir ali para aquela pessoa, naquele dia, naquele lugar. Em outro momento, será outra coisa. Por isso o que proponho é uma síntese essencial, que possa lançar luz e desvelar o conhecimento que você já tem, que está impregnado na imagem e será de alguma forma ativado enquanto você se permite escutar a voz do silêncio.

Esse é um livro em que o autor amou e sentiu cada imagem. Cada palavra foi escrita no desejo de te levar a se amar, se conhecer, se reinterpretar e se reconectar com os mistérios da vida. Porque, acredite, eles pulsam em você.

Rio de Janeiro, outono de 2017

Agradeço a Martha Leyrós
pelo árduo trabalho dedicado durante cinco anos,
na concepção das imagens do TaroT Namur.

A Paula Salotti,
por todo apoio e incentivo em nossa época de convívio.

Ao Nei Naiff e ao Paulo Coelho
por todo o incentivo.

Aos amigos Robson Mothé, Giancarlo Kind Schmid, Paulo
Dubock, Lygia Drummond Fritscher, Aída Rossi Batalha,
Maria Lidia Gomes Mattos, Irene Black, Regina Braga,
Kaanda Ananda, Sulamita Tabacoff, Fernando Linhares,
Raphaella Murray, Olga Murray, Guilherme Maia,
Erna Antunes, Lair Ribeiro, Lilith Mulier Ventura,
Sonja Gradel e, Elza Elena Tourinho.

Ao meu filho Arthur Murray Bordallo

A minha mãe Ardilanda Bordallo

A minha gurua Gloria Arieira

Ao radialista Aroldo de Andrade

Agradecimento especial a minha amiga
Larissa Kouzmin-Korovaeff
e a minha filha Victoria Murray Bordallo.

semente editorial

Edição e publicação de livros
que venham a contribuir para o bem-estar,
alegria e crescimento de todos os seres.

@sementeeditorial
www.sementeeditorial.com.br